SANSON-DAVILLIER

SANSON-DAVILLIER

CHEVALIER DE LA LÉGION-D'HONNEUR

ET DE L'ORDRE DE LÉOPOLD DE BELGIQUE

RÉGENT DE LA BANQUE DE FRANCE

Décédé le 25 avril 1863

NOTICE

Par **M. S. de SACY**, de l'Académie française

DISCOURS

Prononcés le 27 avril 1863, sur la Tombe de M. SANSON-DAVILLIER

1° PAR M. LE COMTE DE GERMINY

Gouverneur de la Banque de France

2° PAR M. DEVINCK

Député au Corps législatif, membre du Conseil municipal de Paris

PARIS

IMPRIMERIE DE JOUAUST ET FILS

RUE SAINT-HONORÉ, 338

1863

NOTICE

Par **M. S. de SACY**, de l'Académie française.

Tous les honnêtes gens viennent de faire la perte la plus regrettable et la plus douloureuse dans la personne de M. Sanson Davillier, ancien juge au tribunal de commerce, ancien membre du conseil municipal de Paris, et régent de la Banque de France. M. Sanson n'était âgé que de soixante-dix ans. Sa vie active, régulière, heureuse, la santé qui semblait briller dans ses traits, faisaient espérer à sa famille et à ses amis qu'ils le conserveraient longtemps encore. Une attaque d'apoplexie l'a enlevé subitement à tant d'affections et de bonheur. Au moment où il a été frappé, il s'occupait encore de ses petits-enfants, la joie de son cœur ! Il préparait des bouquets pour leur retour ! Hélas ! c'est à peine s'ils garderont le souvenir de leur grand-père, ces chers enfants ! Mais il revivra en eux, avec toutes les qualités de son âme, par les soins de ses filles chéries, de ses gendres, MM. Henri et Fritz Hartmann, et de sa veuve, madame Sanson Davillier, si digne, par la distinction de son esprit et l'élévation de ses sentiments, de l'époux qui a fait son bonheur et qui lui laisse aujourd'hui d'inconsolables regrets.

Tout en M. Sanson respirait la probité, l'honneur, la délicatesse la plus sévère. Tous ses sentiments étaient droits, toutes ses actions étaient inspirées par la justice. Le mal lui faisait horreur. Au simple récit d'un trait d'indélicatesse ou d'improbité, l'indignation, la douleur, se peignaient sur son noble visage. Sa fortune, on peut dire qu'elle était sa gloire, car il ne la devait pas moins à sa réputation d'honnêteté rigoureuse, à son intégrité sans tache, qu'à sa capacité et au travail de toute sa vie. C'étaient les traditions qu'il avait trouvées dans la maison de son beau-père et de son associé, le baron Davillier, et dont il ne s'est pas départi un moment, aimant à joindre à son nom ce nom de Davillier, qui rappelle ce que le commerce français a de plus honorable et de plus pur.

Cette fortune si bien acquise, M. Sanson en jouissait d'ailleurs avec modestie et générosité, n'écrasant personne de son luxe et voulant

que tout le monde se trouvât bien auprès de
lui. Sa maison, sa voiture, les fruits de son
jardin, appartenaient à tous ses voisins. Jamais
sa main n'a été fermée aux misérables : il aimait mieux cependant, quand il le pouvait,
leur donner de l'ouvrage que de leur distri-
buer des aumônes, qui ne font, le plus sou-
vent, qu'entretenir le vice et l'oisiveté. Les enfants, il les envoyait à l'école à ses frais. Les
infirmes, les malades, il les faisait secourir
chez eux, et, deux jours encore avant d'être
frappé lui-même, il s'occupait de quatre pauvres enfants que la mort de leurs parents venait de laisser orphelins. Aussi, à la nouvelle
inattendue de sa fin subite, quel voile de deuil
s'est répandu sur ce village d'Eaubonne, son
séjour de prédilection, et sur toute la vallée de
Montmorency ! On ne s'abordait que les larmes
aux yeux ; on se serrait la main en silence.
Les pauvres surtout et ses serviteurs donnaient
un libre cours à leurs regrets. Cet éloge funè-
bre est celui que Dieu entend et auquel ré-
pond sa miséricorde. Malgré la beauté du jour,
il nous semblait que la nature elle-même par-
tageait notre douleur, et que ces arbres, qu'il
aimait à soigner de ses mains, baissaient tris-
tement la tête et pleuraient leur bon maître !

Il n'existe plus pour nous en ce monde, cet

ami si fidèle et si tendre, ce voisin si gracieux et si bon, dont l'accueil prévenant répandait autour de lui le contentement et la confiance! Il ne nous recevra plus avec cet aimable sourire qui semblait à la fois un gage d'estime et d'affection : car on ne gagnait le cœur de M. Sanson qu'en le contentant d'une manière parfaite sur l'honnêteté; et tous les talents, tout l'esprit du monde, n'auraient rien été à ses yeux sans un fond solide de qualités plus sérieuses. Aussi était-on justement fier de son amitié; c'était comme un brevet d'honneur d'être du nombre des amis de M. Sanson. De pareils amis pleurent et n'oublient pas. Tant qu'il en survivra un en ce monde, M. Sanson vivra dans son cœur. Mais cette vie de l'amitié est elle-même courte et fragile : M. Sanson nous a précédés, nous allons le suivre. Tant de vertu, de bonté, de générosité, ne serait-il donc destiné qu'à s'éteindre et à périr entièrement, un peu plus tôt ou un peu plus tard? Non, non! Toute la raison humaine se soulève à cette idée. La veuve reverra le cher compagnon de sa vie, les enfants reverront leur bon père, les amis leur ami! Il est impossible que ceux qui se sont tant aimés ici-bas soient séparés pour toujours!

S. DE SACY.

DISCOURS DE M. LE COMTE DE GERMINY.

Si, pour éloigner la mort, l'apparence de la
santé devait suffire, de nombreux jours auraient
été réservés encore à M. Sanson–Davillier.
Tout ce qui peut embellir et prolonger la vie,
il l'avait en partage : une famille chérie, un nom
honoré, une carrière brillante, des amis fidèles ;
cependant un coup de foudre l'a renversé, et
nous l'entourons ici pour la dernière fois, non
moins surpris de la séparation que nous impo-
sent les décrets de Dieu que consternés d'un
malheur aussi imprévu. Qu'il ne parte pas du
moins sans notre suprême adieu, sans l'expres-
sion de notre deuil et de nos regrets : il n'en
est pas de plus affectueux, de plus sincères, que

ceux qu'éprouvent le Gouvernement de la Banque de France et le Conseil de Régence.

Tour à tour membre du Comité d'escompte et du Conseil général, voici plus de trente ans que notre excellent collègue nous édifiait par son exactitude, nous éclairait de ses lumières, nous honorait de son amitié. Nous l'aimions parce que la droiture de son cœur en égalait la bonté, parce qu'un événement difficile ou heureux n'advenait pas au sein de notre institution, que nous ne fussions sûrs de trouver M. Sanson empressé, secourable et de bon conseil.

Lorsque de tels hommes cessent de vivre, Messieurs, malgré les symptômes qui faisaient espérer une des ces vertes vieillesses où les facultés de l'esprit, les vertus de l'âme, soutiennent les forces du corps, lorsque de tels hommes, disons-nous, disparaissent, la surprise et la douleur de ceux qui survivent sont profondes.

Notre deuil égale celui d'une famille désolée, celui des cœurs les plus dévoués à M. Sanson-Davillier. Nous avons voulu le dire en peu de mots, sans développements sur son existence si honorable et si bien remplie ; d'autres raconteront avec détail ses fonctions publiques, le bien qu'il a fait partout. Nul, veuillez le croire, ne gardera plus fidèlement son souvenir que ses amis de la Banque de France.

Adieu donc, bien digne collègue ! Vous avez été trop bon chef de famille, trop fidèle ami, trop bienfaisant, en un mot, pour être oublié sur la terre et pour ne pas être récompensé dans le ciel par la miséricordieuse et divine justice.

DISCOURS DE M. DEVINCK.

Messeurs,

Vous êtes émus du tableau exact et touchant
qui vient de nous être fait des grandes qualités
qui distinguaient le cœur de M. Sanson-Davillier.

Il appartenait à M. le comte de Germiny de
rendre cet éclatant hommage à l'homme supé-
rieur qui fut si utile à la Banque de France
dans la position de Régent, à laquelle l'avait
élevé la confiance du commerce.

Permettez-moi, Messieurs, de rappeler en
quelques mots les services éminents que M.
Sanson–Davillier avait précédemment rendus
comme Juge au Tribunal de commerce, comme
Membre de la Chambre de commerce, comme

Conseiller municipal de la ville de Paris, comme Administrateur des hospices.

Il venait de remplir ces diverses fonctions lorsque, par l'effet des circonstances, j'y fus appelé moi-même.

Partout je rencontrai les souvenirs que M. Sanson-Davillier avait laissés sur son passage.

Au Tribunal de commerce, on relisait les jugements qu'il avait rendus, et qui étaient empreints de ce sens parfait et de cet esprit d'honnêteté qui l'animaient toujours.

A la Chambre de commerce, on consultait ses rapports et ses enquêtes, où se faisaient remarquer à chaque ligne des idées exactes et justes.

Au Conseil municipal de Paris, aux hospices, dont il était administrateur, on recherchait ses travaux, on se reportait aux délibérations qu'il avait rédigées, sûr que l'on était d'y trouver les sentiments d'un dévouement éclairé aux grands intérêts qu'il avait la charge d'y représenter.

Tels sont les souvenirs que M. Sanson-Davillier a laissés dans toutes les fonctions, électives et gratuites, qu'il a remplies.

Jamais vie ne fut plus utilement employée. A son début, nous le voyons entrer chez un grand industriel qui a été l'honneur de son pays, le baron Davillier, de mémoire si justement vénérée. Il devient son fondé de pouvoir, il se rend digne d'être son gendre et son sucesseur. Il maintient cette respectable maison à la hauteur où l'avait placée son fondateur; il la transmet aussi importante, aussi pure qu'il l'avait reçue, à son beau frère et son ami, M. Henry Davillier, digne de porter un nom cher au commerce et à l'industrie.

Que la conduite de M. Sanson-Davillier serve donc de modèle aux jeunes gens qui se destinent aux affaires; et que sa mémoire reste à jamais en vénération parmi ceux qui suivront la carrière qu'il a si honorablement parcourue!

6493. — Paris, imprimerie JOUAUST et fils, 338, rue Saint-Honoré.